Daniela Drescher

Küchenzauber mit Merlind und Igor

Urachhaus

Kochen ist wie Zauberei!
Pastinak und Drachenei,

Pfefferminz und Himbeertorte,
Äpfel von der alten Sorte –

wunderbar wie Zaubersprüche
sind Rezepte für die Küche.

Engerling und Schlangenschuppe:
schnell versalzen ist die Suppe!

Kräuter sind die kleinen Geister
und Gewürze wahre Meister.

Fenchel, Zimt und Sellerie –
glaube mir, das ist Magie!

Bunte Herzen, Frühlingsmond und Blütensterne

Das brauchst du:
Vollkorntoast
Butter oder Frischkäse
Blüten von Schlüsselblumen, Veilchen und Gänseblümchen (März/April)
Ausstechförmchen

So wird's gemacht:

- Brotscheiben toasten und verschiedene Formen ausstechen oder ausschneiden
- mit Butter oder Frischkäse bestreichen und mit Blüten belegen, wie es dir gefällt!

Blechkartoffeln und Elfchensalat

Das brauchst du:

1 kg Kartoffeln
Sonnenblumenöl
Salz
1 EL Kümmelsamen
1 EL Koriandersamen
grüner Salat nach deiner Wahl
eine Handvoll Gänseblümchen

Für die Salatsauce:

4 EL Sonnenblumenöl
1 ½ EL Balsamico-Essig
½ TL Salz
1 TL Rohrohrzucker
oder Ahornsirup
4 EL Apfelsaft
½ TL süßer Senf

So wird's gemacht:

- Kartoffeln waschen und vierteln
- auf dem Blech verteilen und gleichmäßig Öl darübergeben
- Kümmel und Koriander darüberstreuen
- im Backofen bei 200 °C ca. 30 min backen
- anschließend salzen

- Salat waschen
- alle Zutaten der Salatsauce in einer Tasse mischen und erst kurz vor dem Essen über den Salat geben

- den Salat mit Gänseblümchen verzieren

Merlinds Naschis
(kandierte Veilchen)

Das brauchst du:
eine kleine Handvoll Veilchen
1 Eiweiß
2 EL feiner, heller Rohrohrzucker

So wird's gemacht:
- Eiweiß in einer Tasse verquirlen
- mit einem Backpinsel die Blüten dünn mit Eiweiß bestreichen
- mit Zucker bestreuen (übrigen Zucker vorsichtig abschütteln)
- auf einem Kuchengitter trocknen lassen

Besonders köstlich auf Vanilleeis!
Du kannst auch Rosenblätter, Stiefmütterchen und Obstblüten kandieren.

WICHTIG:
Bei den Rezepten, zu denen du einen Pürierstab brauchst, muss dir ein Erwachsener helfen!

Walpurgissuppe

Das brauchst du:
etwa 20 Brennnesselspitzen und ein paar junge Blätter zum Verzieren
Achtung:
Beim Pflücken Handschuh benutzen!

1 kleine Zwiebel
etwas Butter
1 EL Mehl
¼ l Milch und ¼ l Gemüsebrühe
100 g Schmand oder Frischkäse
Salz, Muskatpulver

So wird's gemacht:

- die gewaschenen Brennnesselspitzen und -blätter und die klein geschnittene Zwiebel in Butter leicht andünsten
- Mehl einrühren und mit kalter Milch aufgießen
- Gemüsebrühe dazugeben und ca. 5 Minuten alles leicht köcheln lassen
- dann den Schmand dazugeben und mit dem Pürierstab zerkleinern
- mit Salz und Muskat abschmecken und mit Löwenzahnblütenblättern bestreuen

Bunte Polenta-Pizza

Das brauchst du:

1 l Wasser
250 g Polenta
2 EL Öl
1 TL Salz
3–4 Tomaten
frisches oder getrocknetes Basilikum
(Basilikum hacken, wenn du frisches verwendest)
200 g Käse, gerieben

So wird's gemacht:

- Wasser, Salz und Öl zum Kochen bringen
- dann auf niedriger Hitze die Polenta mit dem Schneebesen unterrühren und kurz aufquellen lassen
- Backblech mit etwas Öl bestreichen und den Brei 1–2 cm dick darauf verteilen
- mit Tomatenscheiben belegen, Basilikum und Käse darüberstreuen
- im Ofen bei ca. 200 °C so lange backen, bis der Käse geschmolzen ist

Du kannst die Polenta-Pizza mit Kapuzinerblüten, Borretschblüten, Fenchelblüten und Basilikumblättern verzieren.

Ringelblumenbutter

Das brauchst du:

125 g weiche Butter
1 EL Zitronensaft
2 EL Frischkäse
eine Handvoll Ringelblumenblütenblätter
(einen Teil davon fürs Bestreuen beiseite legen)
etwas Kurkuma, mildes Curry, Salz

So wird's gemacht:

- Butter, Streichkäse, Zitronensaft und Blütenblätter zusammenkneten
- mit Salz, etwas Curry und Kurkuma abschmecken
- kleine Kugeln formen und mit den übrigen Blütenblättern bestreuen

Schmeckt köstlich auf frischem Brot.

Das ist Pastinak Wutz, ein Freund aus der Familie der Wurzelwichte. Er hilft uns bei der Gartenarbeit und ohne ihn würde unser Wurzelgemüse nicht halb so gut gedeihen.

Himbeertorte – ohne Backen

Das brauchst du:

350 g Himbeeren – frisch oder tiefgefroren
400 g Frischkäse
250 g Schlagsahne
200 g Löffelbiskuits
125 g Rohrohrzucker
150 g Butter
2 Beutel rote Götterspeise (für je ½ l Flüssigkeit)

So wird's gemacht:

- Götterspeise und Zucker mit 250 ml Wasser mischen und unter Rühren erhitzen, bis alles gelöst ist – nicht kochen!
- Butter in einem Topf schmelzen und mit den zerkleinerten Löffelbiskuits mischen
- diese Masse in eine mit Butter eingefettete Springform füllen und mit einem Löffel zu einem festen Boden drücken
- kalt stellen
- Götterspeise mit Frischkäse glatt rühren
- Sahne steif schlagen und unterheben
- zum Schluss die Himbeeren unterheben, die Masse auf den Tortenboden geben und etwa drei Stunden kalt stellen

ACHTUNG:
Beim Umgang mit kochendem Wasser muss dir ein Erwachsener helfen!

Rote Grütze

Das brauchst du:
500 g rote Johannisbeeren (können auch mit schwarzen oder weißen gemischt werden)
½ l Wasser
1 Päckchen Vanillepudding-Pulver
3 gehäufte EL Rohrohrzucker

So wird's gemacht:
- die Beeren entstielen und in der Hälfte des Wassers 5 Minuten köcheln lassen
- Beeren mit dem Löffel durch ein Sieb drücken und den Saft in einem anderen Topf auffangen
- das Puddingpulver und den Zucker in einer Schüssel in das übrige Wasser einrühren und dazugeben
- unter Rühren kurz aufkochen lassen – fertig
- Grütze vor dem Essen abkühlen lassen …

Besonders lecker dazu
ist etwas Sahne, flüssig oder geschlagen,
wie du es magst.

Erdbeerwicht

Das brauchst du:
250 g Quark
200 g Crème fraîche
4 EL Sahne
3 EL Agavendicksaft oder Ahornsirup
1 Päckchen Vanillezucker
250 g geviertelte Erdbeeren
(du kannst auch Himbeeren verwenden – schmeckt auch sehr lecker!!!)
Minz- oder Zitronenmelisseblätter

So wird's gemacht:

- Quark, Crème fraîche, Sahne, Sirup und Vanillezucker zu einer sämigen Masse verrühren
- Früchte unterrühren und mit frischen Minz- oder Zitronenmelisseblättern verzieren

Radieschenmaus und …

Das brauchst du:
ein Bund Radieschen
Pfefferkörner

So wird eine Maus gemacht:

- das Radieschen der Länge nach halbieren, von der Hälfte ohne Wurzel (Schwänzchen) zwei kleine Scheiben für die Ohren abschneiden
- in die Hälfte mit der Wurzel zwei Kerben für die Ohren und zwei kleine Löcher für die Augen schneiden
- Ohrenstückchen und Pfefferkörner hineinstecken

Jetzt kannst du das Mäuschen z.B. auf ein Stück Käse oder frische Kresse setzen.

… Radieschenpilz

So wird ein Pilz gemacht:

- die Wurzel vorsichtig abschneiden und eine dünne Kerbe oberhalb der Mitte rund um das Radieschen einschneiden

- das rote Äußere unterhalb der Kerbe wegschneiden, sodass das weiße Innere als Pilzstängel übrig bleibt
- den grünen Ansatz unten abschneiden und den fertigen Pilz z.B. auf frische Kresse setzen

Frische Maiskolben

ACHTUNG:
Beim Umgang mit kochendem Wasser muss dir ein Erwachsener helfen!

Das brauchst du:
frische Maiskolben, Butter, Salz

So wird's gemacht:
- Mais entblättern und ca. ½ Stunde in etwas Salzwasser zugedeckt köcheln lassen
- das Kochwasser abgießen, den fertigen Mais noch einmal etwas salzen und mit Butter bestreichen

Das ist Otus ...

Mein liebes Nichtchen!
Hier sind die versprochenen Chilis aus meinem Garten.
Aber Vorsicht!
Es steckt mehr in ihnen, als man ahnt ... darum sei sparsam im Gebrauch!

Dein Dich liebendes Tantchen

Frösche, Blitz und Spinnenbein –
irgendwie muss »Pfiff« hinein
in die Suppe und zwar schnell!
Ach, zerzaustes Waschbärfell!
Nehme ich vom Thymian,
oder lieber doch mehr Rahm?
Und wie wär's mit Chilischoten?
Tantchen hat's ja nicht verboten.
»Nimm sie reichlich«, sagte diese.
Oder war's nur eine Prise?
Ach, was stand nur in dem Brief?
Hoffentlich geht jetzt nichts schief!
Und schon knallt und zischt es laut.
Oh, wie es Herrn Tumtum graut.
Schnell sucht er sich ein Versteck.
Auch die Katze ist schon weg.
Funken sprühen, Frösche fliegen,
nur der Topf ist heil geblieben.
Sapperlot und Mäuseohr –
morgen kocht mein Freund Igor!

... und das ist Munka.

Igors Kürbissuppe

Das brauchst du:

1 Zwiebel
etwas Öl
¼ Hokkaido-Kürbis
½ Apfel
(beide mit Schale)
½ l Gemüsebrühe
100 g Schmand oder Frischkäse
Salz
Kurkuma

So wird's gemacht:

- Zwiebel, Kürbis und Apfel klein schneiden und in etwas Öl andünsten
- Gemüsebrühe dazugeben und zugedeckt 5–10 Minuten köcheln lassen
- dann den Schmand dazugeben und mit einem Pürierstab fein zerkleinern
- zum Schluss mit Salz und etwas Kurkuma abschmecken: lecker!

Kurkuma oder Gelbwurz
(getrocknete und gemahlene Wurzel)

Probier's mal aus: Wenn du etwas Kurkuma z. B. ins Nudelwasser gibst, färben sich die Nudeln goldgelb!

Goldtaler

Das brauchst du:
6 Scheiben Vollkorn-Toast
2 Eier von glücklichen Hühnern,
etwas Salz und Öl zum Braten

So wird's gemacht:

- Eier in eine Schüssel schlagen, verquirlen und etwas salzen
- aus den Toastscheiben kleine und größere Kreise schneiden (z.B. mit einem umgedrehten Glas oder einer runden Ausstechform)
- in den verquirlten Eiern wenden und bei schwacher Hitze auf beiden Seiten goldbraun mit etwas Öl braten

Schmeckt herrlich zu frischem …

Apfelmus

Das brauchst du:
3 Äpfel
1 ½ EL Rohrohrzucker
½ TL Zimt
etwa 200 ml Wasser

WICHTIG:
Bei den Rezepten, zu denen du einen Pürierstab brauchst, muss dir ein Erwachsener helfen!

So wird's gemacht:

- Äpfel (mit Schale) kleinschneiden und in etwas Wasser weichkochen
- Zucker und Zimt dazugeben und fein pürieren

Probier's mal aus: Wenn du gleich süße Äpfel nimmst, (z. B. Reinetten) dann brauchst du weniger Zucker!

Gebrannte Mandeln

Das brauchst du:
200 g ganze, geschälte Mandeln
2 gehäufte EL Rohrohrzucker
2 EL Wasser
etwas Zimt

So wird's gemacht:

- Wasser, Zucker und Zimt in eine Pfanne geben, verrühren und wenn sich der Zucker aufgelöst hat, die Mandeln dazugeben
- dann bei mittlerer Hitze so lange rühren, bis dir ein karamelliger Duft in die Nase steigt und die Mandeln einen dünnen, trockenen »Zuckermantel« haben

Bratäpfel

Das brauchst du:
4 Äpfel (besonders gut eignen sich Boskop oder Gold-Reinette)

Für die Füllung:
3 EL gemahlene Haselnüsse oder Mandeln
4 EL Honig
2 EL weiche Butter
¼ TL Zimt

So wird's gemacht:

- das Kerngehäuse aus den Äpfeln schneiden
- alle Zutaten der Füllung vermischen und in die ausgehöhlten Äpfel geben
- Äpfel in eine mit Butter gefettete, feuerfeste Form setzen und bei 200 °C so lange backen, bis sie weich sind (ca. 25 Minuten)

Igors Schneebällchen

Das brauchst du:
125 g weiche Butter
200 g Haferflocken (Kleinblatt)
2½ EL Rohrohrzucker
1 EL Ahornsirup oder Agavendicksaft
1 EL Kakao
Kokosraspeln zum Bestreuen

So wird's gemacht:
- alle Zutaten (außer Kokosraspeln) verkneten und ½ Stunde im Kühlschrank stehen lassen
- Kokosraspeln auf einen Teller geben
- aus der gekühlten Masse kleine Bällchen formen und in den Kokosraspeln wenden

Zauberstaub
und Mäusekräcker
So machst du's wie ein
echter Bäcker!

Zaubernussplätzchen

Das brauchst du:
250 g Butter
250 g Rohrohrzucker
250 g Haselnüsse (oder Mandeln), gemahlen
250 g Mehl
1 Ei
Schokoladenkuvertüre und klein gehackte
Nüsse oder Haselnusskrokant zum Verzieren

So wird's gemacht:

- etwas weiche Butter in Stückchen schneiden und mit den restlichen Zutaten verkneten
- ½ Stunde kalt stellen
- den Teig auf einer bemehlten Unterlage ausrollen und Förmchen ausstechen
- bei schwacher Hitze lichtgelb backen
- mit Schokoladenkuvertüre bestreichen und klein gehackte Nüsse oder Haselnusskrokant darüberstreuen

Was uns noch wichtig ist …

Pflücke Blumen und Kräuter nicht am Weg- oder Straßenrand, sondern suche sie in großen Wiesen und nimm immer nur so viel, wie Du brauchst.
Achte bei allen Zutaten darauf, dass sie möglichst aus ökologischem Anbau kommen.

So, und nun viel Spaß und liebe Zaubergrüße,

Deine Merlind und
Dein Igor

ISBN 978-3-8251-7782-9

2. Auflage 2011
Erschienen im Verlag Urachhaus

Gestaltung: Uschi Weismann
Gesamtherstellung: Proost, N.V., Turnhout, Belgien